ESCRITA E ALFABETIZAÇÃO

COLEÇÃO
REPENSANDO A LÍNGUA PORTUGUESA

COORDENADOR
ATALIBA T. DE CASTILHO

R E P E N S A N D O

REPENSANDO A LÍNGUA PORTUGUESA

R E P E N S A N D O

ESCRITA E ALFABETIZAÇÃO

CARACTERÍSTICAS DO SISTEMA GRÁFICO DO PORTUGUÊS

CARLOS ALBERTO FARACO

Coleção
Repensando a Língua Portuguesa

Coordenador
Ataliba Teixeira de Castilho

Projeto gráfico e de capa
Sylvio de Ulhoa Cintra Filho

Ilustração de capa
Detalhe alterado de pintura de Gilberto Salvador

Revisão
Luiz Roberto Malta/Texto & Arte Serviços Editoriais

Composição
Veredas Editorial//Texto & Arte Serviços Editoriais

Dados Internacionais de Catalogação na Publicação (CIP)
(Câmara Brasileira do Livro, SP, Brasil)

Faraco, Carlos Alberto
Escrita e alfabetização / Carlos Alberto Faraco. 9. ed. –
São Paulo : Contexto, 2024. – (Repensando a Língua Portuguesa).

Bibliografia.
ISBN 978-85-7244-016-5

1. Alfabetização. 2. Português – Escrita. I. Título. II. Série

92-0468 CDD-469-1

Índices para catálogo sistemático:
1. Escrita: Português: Linguística 469.1
2. Sistema gráfico: Português: Linguística 469.1

2024

EDITORA CONTEXTO
Diretor editorial: *Jaime Pinsky*

Rua Dr. José Elias, 520 – Alto da Lapa
05083-030 – São Paulo – SP
PABX: (11) 3832 5838
contato@editoracontexto.com.br
www.editoracontexto.com.br

SUMÁRIO

O AUTOR NO CONTEXTO

Carlos Alberto Faraco é natural de Curitiba (Paraná). Licenciou-se em letras (1972); fez seu mestrado em linguística na UNICAMP (1978) e concluiu seu doutorado, também em linguística, na Inglaterra (1982). Foi professor de português nos ensinos fundamental e médio. Trabalhou na Universidade Federal do Paraná como professor de português e linguística, tendo sido seu reitor de 1990 a 1994. Atualmente é professor do Programa de Pós-Graduação em Tecnologia do CEFET/PR. Tem participado, como consultor, de vários projetos voltados para o ensino de português nos níveis fundamental e médio na rede municipal de Curitiba e na rede estadual do Paraná. Escreveu, em coautoria com David Mandryk, dois livros para o ensino universitário de português: *Português Atual* e *Língua Portuguesa: prática de redação para estudantes universitários*. E dois livros nessa mesma linha em coautoria com o romancista Cristovão Tezza: *Prática de Texto* e *Oficina de Texto*. Além desses textos voltados para o ensino de português, publicou *Linguística Histórica* (uma introdução ao estudo da história de línguas) e participou de duas coletâneas de estudos sobre Bakhtin: *Bakhtin – uma introdução* e *Diálogos com Bakhtin*.

INTRODUÇÃO

O professor alfabetizador precisa, entre outras coisas, ter um bom conhecimento da organização do nosso sistema gráfico para poder melhor sistematizar seu ensino; para entender as dificuldades ortográficas de seus alunos e para auxiliá-los a superá-las.

Neste estudo, pretendemos alcançar três objetivos: (a) expor os princípios estruturadores do sistema gráfico do português (mostrando algumas consequências desses princípios para o processo de apropriação da grafia); (b) descrever, em linhas gerais, o sistema gráfico do português; (c) fornecer alguns subsídios para a sistematização do seu ensino.[1]

A língua portuguesa tem uma representação gráfica alfabética com memória etimológica. Dizer que a representação gráfica é *alfabética* significa dizer que as unidades gráficas (letras) representam basicamente unidades sonoras (consoantes e vogais) e não palavras (como pode ocorrer na escrita chinesa) ou sílabas (como na escrita japonesa). Além disso, a escrita alfabética tem, como princípio geral, a ideia de que cada unidade sonora será representada por uma determinada letra e de que cada letra representará uma unidade sonora.

Dizer, por outro lado, que o sistema gráfico admite também o princípio da *memória etimológica* significa dizer que ele toma como critério para fixar a forma gráfica de certas palavras não apenas as unidades sonoras que a compõem, mas também sua origem.

Assim, escrevemos *monge* com *g* (e não com *j*) por ser uma palavra de origem grega; e *pajé* com *j* (e não com *g*) por ser uma palavra de origem tupi. Escrevemos *homem* com *h* não porque haja uma unidade sonora antes do *o* em português, mas porque em latim se grafava *homo* com *h* (resquício de um tempo na história do latim em que havia uma consoante antes do *o*).

Ao operar também com a memória etimológica, o sistema gráfico relativiza o princípio geral da escrita alfabética (a relação unidade sonora/letra não será 100% regular), introduzindo (para o usuário) uma certa faixa de representações arbitrárias. Serão estas representações que trarão dificuldades especiais não só para o alfabetizando, mas igualmente para o já alfabetizado. Nos casos em que a memória etimológica se faz presente, não há outra alternativa: somos obrigados a decorar a forma gráfica da palavra (temos de saber de cor, por exemplo, que *excelente* se escreve com *xc* e que *essência* se escreve com *ss*, embora a unidade sonora seja a mesma nas duas palavras); e, no caso de dúvida, temos de ir, pela vida afora, ao dicionário.

Em consequência disso, uma das coisas essenciais que o aluno deverá aprender, no processo de apropriação da grafia, é que, embora grande parte das representações gráficas seja perfeitamente previsível pelo princípio da relação unidade sonora/letra, há uma certa dose de representações arbitrárias, as quais exigem estratégias cognitivas próprias. Ele deverá saber, por exemplo, em que casos pode haver situações arbitrárias; deverá saber que é preciso memorizar a forma da palavra e que, nas dúvidas, deverá ir ao dicionário.[2]

É bom lembrar que o ensino dessas estratégias cognitivas para operar com as representações arbitrárias não é tarefa exclusiva do professor de primeira série. Como se trata de uma dificuldade permanente para todos os usuários da escrita (na medida em que as representações são imprevisíveis e exigem memorização), os professores de todas as séries seguintes (do ensino fundamental ou do médio) deverão, sempre que se faça necessário, retomar essa questão. Podemos ir até mais longe e dizer que aspectos do sistema gráfico (os mais raros) devem ser introduzidos em outras séries do ensino fundamental, reservando-se a primeira série (ou o ciclo básico) para sistematizar os aspectos básicos.

Felizmente para todos nós, o que predomina no sistema não são as representações arbitrárias, mas as regulares. Antes, porém, de comentar as representações regulares, é importante destacar uma outra característica do sistema gráfico: sua relativa neutralidade em relação à pronúncia.

Muita gente pensa que a grafia representa diretamente a pronúncia (há até, por aí, baseados nessa crença, métodos 'fônicos' ou 'fonéticos' de alfabetização!). Trata-se de um equívoco. Primeiro, pela razão exposta anteriormente: o sistema tem memória etimológica. Em segundo lugar, porque a grafia – mesmo quando mantém constante a relação unidade sonora/letra – é, em certo sentido, neutra em relação à pronúncia. Ou dizendo de outra maneira, há muitas formas de pronunciar uma palavra (conforme a variedade da língua que se fala), mas há uma única forma de grafá-la.

Alguns falantes dizem ['d ẽ.tI][3]; outros dizem ['d ẽ j̃. t i]; outras ['d ẽ. t š i]; outros ['d ẽ t š]. Há, porém, uma única forma de grafar essa palavra: *dente* – que, de fato, não representa diretamente nenhuma das pronúncias possíveis.

Essa neutralidade da grafia em relação à pronúncia é extremamente vantajosa: trata-se de um sistema uniforme que serve para grafar as muitas variedades da língua, permitindo uma base segura de comunicação entre falantes de variedades diferentes. Se não fosse essa uniformidade, a grafia perderia sua utilidade como sistema de representação da língua falada.[4]

É claro que essa neutralidade não é absoluta. Quando se criou o sistema gráfico para o português, tomou-se como referência uma certa variedade da língua. Assim, embora o primeiro som de *varrer* fosse | b | em algumas variedades do português e | v | em outras, fixou-se a grafia com a letra *v*, porque foi a variedade em que se pronunciava | v | que serviu de referência (seus falantes é que estavam – em decorrência de sua posição na estrutura social – escrevendo; e não os falantes das outras variedades).

Nesse sentido, existe uma proximidade maior entre a grafia e algumas pronúncias. Essa proximidade, porém, é bastante relativa: de um lado porque (não devemos nunca esquecer) o sistema gráfico tem memória etimológica; de outro, porque as formas de pronunciar a língua vão se alterando com o passar do tempo e a grafia se mantém constante. Um exemplo disso é a pronúncia do | l | em final de sílaba. Quando se fixou a grafia, havia uma diferença sonora entre *mau* e *mal*: a primeira se dizia | m a w | e a segunda | m a l |. Em consequência, receberam grafias diferentes. Hoje, a maioria dos brasileiros não as distingue mais na fala: ambas são ditas | m a w |. Ocorreu uma mudança na pronúncia da língua que afetou o | l | no final de sílaba, transformando-o em | w |. A grafia, porém, mantém a diferença; e a questão de saber se | w | se grafa com *l* ou *u* passou a ser, para o usuário brasileiro, uma opção arbitrária. Ele tem de memorizar que | kawda | de açúcar se escreve com *l* (*calda*), mas que | kawda | de bicho, de vestido ou de cometa se escreve com *u* (*cauda*). Para os portugueses, que não alteraram a pronúncia do | l | no final de sílaba, essa diferença gráfica não apresenta nenhuma dificuldade, porque ainda corresponde a uma diferença fônica.

O fato de ter havido mudança e de a mudança ter criado, para o usuário brasileiro, uma situação arbitrária, não significa que o brasileiro antes de ser alfabetizado tenha de "corrigir" sua pronúncia; não significa também que o professor deva introduzir uma pronúncia artificial em sala de aula para que o aluno não "erre". Significa apenas que a representação gráfica do | w | deve ser tratada em estágios mais avançados do processo de apropriação da grafia da mesma forma como nós tratamos outras áreas em que há mais de uma representação gráfica para a mesma unidade sonora e a escolha entre elas se faz de forma arbitrária. Qualquer outro procedimento ("corrigir" pronúncia ou pronúncia artificial) será enganoso, porque estaremos escondendo do aluno a estratégia correta para lidar com representações arbitrárias, dificultando-lhe o domínio da grafia.

Concluindo esses comentários, podemos dizer que mudanças na pronúncia acabam distanciando a realidade sonora de suas representações gráficas, ampliando o grau de neutralidade da grafia frente às diferentes pronúncias e criando, em consequência, certas dificuldades para o usuário onde antes não havia.[5]

Quando a mudança afeta a pronúncia de todo um país (como no caso do | l | no final de sílaba, discutido anteriormente), a dificuldade ortográfica criada será dificuldade para todos. Há, porém, casos em que a mudança se dá apenas em algumas variedades da língua. Nessa situação, só para esses falantes se cria um distanciamento maior entre a realidade sonora e a representação gráfica; e, consequentemente, só para eles haverá dificuldades ortográficas especiais.

Um exemplo disso é a pronúncia do encontro consonantal | cons + l | : variedades rurais do português brasileiro (hoje também presentes no contexto urbano, trazidas pelos migrantes) substituíram o | l | desse encontro por | r |. Dizem | gro.bo | e não | glo.bo | ; | kra.ro | e não | kla.ro |. Ou, em outras palavras, nessas variedades *globo* e *gruta* iniciam com o mesmo encontro consonantal | gr |.

Para esses falantes, saber quando esse encontro consonantal se grafa com *l* ou *r* é uma questão arbitrária: eles têm de aprender de cor que | gro.bo | se escreve com *l* e | gru.ta | com *r*. Já uma criança que fala uma variedade tradicionalmente urbana do português não terá essa dificuldade: nessas variedades, o encontro consonantal de *globo* é diferente do de *gruta* e essa diferença está diretamente marcada na grafia, porque estava presente na variedade que serviu de referência quando da criação e fixação da ortografia do português.

Algumas observações são oportunas nesse ponto:

- Primeiro, é interessante observar que o problema ortográfico do encontro consonantal que acabamos de discutir é exatamente da mesma natureza do problema que afeta a grafia de | *w* | : nas duas situações, a opção gráfica é arbitrária e exige os procedimentos didáticos e as estratégias cognitivas apropriadas para tratar os casos de arbitrariedade do sistema; a única diferença entre as duas situações é que a dificuldade é para praticamente todos os falantes brasileiros no caso de | w | e só para falantes de algumas variedades no caso do encontro consonantal;
- Segundo, vale repetir a observação que fizemos acima: os falantes de variedades rurais do português não precisam primeiro "corrigir" sua pronúncia para então serem alfabetizados; podemos alfabetizá-los diretamente, tendo apenas o cuidado de deixar o en-

contro consonantal mais para o fim do processo de aquisição da grafia e de ensiná-los a operar com a dificuldade do mesmo modo como fazemos em situações semelhantes. Como no caso do encontro consonantal haverá uma clara diferença entre a pronúncia desses alunos e a do professor (diferentemente do caso do | w | em que professor e alunos têm em geral a mesma pronúncia); isso poderá diminuir a dificuldade dos alunos, desde que o professor tenha sensibilidade suficiente para mostrar isso a eles. Por fim, a eventual substituição da pronúncia | r | pela pronúncia | l | por parte do aluno poderá ocorrer mais tarde e é até desejável que ocorra, tendo em vista o fato de que as populações tradicionalmente urbanas menosprezam aquela pronúncia rural e desmerecem seus falantes.

Tal substituição, porém, deverá ser resultado não de uma imposição opressiva, mas de um processo pelo qual o aluno amadureça seu contato com a variedade padrão, processo que, de fato, só acontecerá depois de certo tempo de vida escolar e, mesmo assim, só se a escola souber conduzi-lo;

- Uma terceira observação é pertinente aqui: os mesmos cuidados didáticos que temos de ter com os falantes de variedades rurais do português brasileiro no caso do encontro consonantal discutido anteriormente haveremos eventualmente de ter com alunos oriundos de famílias de ascendência japonesa, porque eles tendem a substituir, na fala, o | l | pelo | r | naqueles encontros consonantais. Essa pronúncia não é resultado de mudanças da língua portuguesa (como no caso do falante de variedade rural), mas de transferência de características do sistema sonoro do japonês. Essa situação de interferência da língua dos pais na pronúncia do português é comum na região Sul, em especial em certas áreas de maior concentração das populações de ascendência estrangeira. Os alfabetizadores da região Sul devem estar conscientes disso para poder tratar o fato de forma adequada quando ele ocorrer.

Quando descrevermos adiante o sistema gráfico do português, comentaremos outros casos de variação dialetal ou de transferência da língua dos pais que podem implicar certa dificuldade no processo de domínio do sistema gráfico. Nessa parte do texto, interessa-nos apenas alertar o alfabetizador para o fato de que ele precisa estar atento a essas realidades para saber lidar com elas, auxiliando o aluno a desenvolver as estratégias adequadas para o enfrentamento das dificuldades.[6]

Voltando agora às características gerais do sistema gráfico da língua portuguesa, podemos concentrar a discussão nos tipos de relações possíveis no sistema entre unidades sonoras e unidades gráficas.

O sistema comporta dois tipos de relações (consultar o anexo para a lista dos símbolos):

a) *as relações biunívocas:* a uma determinada unidade sonora corresponde uma certa unidade gráfica; e esta unidade gráfica só representa aquela unidade sonora. Exemplo: a unidade sonora | p | é representada sempre pela unidade gráfica (letra) *p*; e a letra *p* só representa a unidade sonora | p |.

As relações biunívocas constituem situações de regularidade, digamos assim, absoluta.

b) *as relações cruzadas:*

- uma unidade sonora tem mais de uma representação gráfica possível. Exemplo: a unidade sonora | ã | pode ser representada por *ã* (*irmã*), por *am* (*samba*), por *an* (*manga*);
- uma unidade gráfica representa mais de uma unidade sonora. Exemplo: a letra *r* pode representar a unidade sonora | R | (erre forte) como em *rato;* e a unidade sonora | r | (erre fraco) como em *aranha.*

A existência de relações cruzadas no sistema pode sugerir, numa primeira análise, que não há regularidade. Há, porém, um bom número de relações cruzadas que são perfeitamente previsíveis, o que facilita bastante o ensino e o uso do sistema gráfico, porque é possível estabelecer regras.

A diferença entre essa situação (regularidade relativa) e a primeira (regularidade absoluta) é que a previsibilidade aqui é determinada pelo contexto, isto é, pela posição da unidade sonora ou da unidade gráfica na sílaba ou na palavra; ou ainda pelo elemento que a segue. Exemplos:

- | k | é representado por *c* antes das vogais posteriores (grafadas *a – o – u*) e por *qu* antes das vogais anteriores (grafadas *e – i*)*: calo, colo, coro, curtir, quilo, quero, cheque;*

- a letra *r*, se no início da palavra, sempre representa | R | (erre forte): *rato;* no meio da palavra, entre vogais (V-V), representa sempre | r | (erre fraco): *querido;*
- a letra *m*, no início de sílaba, representa sempre a unidade sonora | m | que, em português, só ocorre nessa posição: *mato*, *cama*, *palma.* No fim da sílaba, a letra *m*, combinada com uma letra vogal, representa unidades sonoras vogais nasais: *campo*, *bumbo*, *sempre.*

A situação fica complexa quando, no *mesmo contexto*, duas ou mais unidades gráficas representam a mesma unidade sonora e não é possível estabelecer uma regra. Exemplos:

- | ž |, diante das vogais anteriores (grafadas *e – i*), pode ser representada por *g* ou *j* (*gilete*, *jiló*, *gelo*, *jenipapo*);
- | š | pode ser representado por *x* ou *ch* (*enxada*, *encharcado*, *chato*, *xale*)*;*
- | w | pode ser representado por *l* ou por *u* (*soldado*, *saudade*);
- | s |, entre vogais, pode ser representado por *ss*, *c/ç*, *sc/sç*, *x*, *xc*, *xs* (*passe*, *lace*, *laça*, *nasce*, *nasça*, *próximo*, *excelente*, *exsudar*).

Nesses casos, a ocorrência de uma ou outra representação gráfica se torna (para o usuário) arbitrária, por não ser previsível por meio de uma regra. Em consequência, temos de aprender a memorizar a forma da palavra; temos de confiar não numa correspondência *unidade sonora/unidade gráfica*, mas em nossa memória visual (e até motora); temos de aprender as situações em que pode haver tais representações arbitrárias para poder tirar as dúvidas consultando o dicionário; temos de desenvolver, como se diz na gíria, certos macetes de memória (ou – em linguagem mais formal – certos recursos mnemônicos) para guardar de cor a forma da palavra. Podemos, por exemplo, trabalhar com famílias de palavras: não precisamos decorar isoladamente que *homem*, *humano*, *humanidade*, *humanista*, *humanitário* são escritas com *h;* podemos memorizar que todas as palavras parentes de *homem* se escrevem com *h.* Ou, ainda, que se *xadrez* é com *x*, *enxadrezado* é com *x;* se *charco* é com *ch*, *encharcar* é com *ch.*

Tentemos, a seguir, apresentar cada um dos casos discutidos aqui (relações biunívocas, relações cruzadas previsíveis, relações cruzadas imprevisíveis), resumindo, depois, todas as informações em alguns poucos quadros.

1. REPRESENTAÇÃO DAS CONSOANTES

RELAÇÕES BIUNÍVOCAS (100% REGULARES)

A unidade gráfica (letra ou dígrafo) representa uma e só aquela unidade sonora; e a unidade sonora é representada por uma e só aquela unidade gráfica.

Unidade sonora	Unidade gráfica	
| p |	p	(pato – mapa – prato – apto)
| b |	b	(bala – cabana – cobra – obter)
| f |	f	(faca – café – frade – afta)
| v |	v	(vaca – cavalo – nevralgia)
| ň | (a)	nh	(nhoque – banho)
| t | (b)	t	(tabela – pata – trago)
| d | (b)	d	(dar – lado – droga – advogado)
| ľ | (c)	lh	(palha – lhama)

Observações:

a) a unidade sonora | ň | é raríssima em início de palavra (normalmente são palavras emprestadas de outras línguas, em especial de línguas indígenas brasileiras); em geral | ň | ocorre entre vogais;

b) incluímos | t | e | d | neste quadro, porque a relação com as letras *t* e *d* é, em princípio, biunívoca, embora diante de | i |,

| t | seja, em muitas variedades do português do Brasil, pronunciada | tš | como *tia* e *cantina*; e | d | seja, nessas mesmas variedades, pronunciada | dž | como em *dia* e *médico.* Essa diferença de pronúncia não causa maiores, dificuldades de escrita: primeiro porque o falante identifica | tš | com | t | e | dž | com | d |, isto é, toma, nos dois casos, um como variante do outro, relacionando ambos de forma biunívoca com as letras *t* e *d* respectivamente. De outro lado, não há dificuldade porque | tš | e | dž | não têm outra representação que não as letras *t* e *d*, salvo nos casos de Tchecoslováquia e palavras relacionadas (tcheco, theco-eslovaco); e de algumas outras palavras e nomes estrangeiros de uso praticamente nulo. É importante dizer que o alfabetizador não precisa se preocupar com estas palavras: a grafia *tch* não é produtiva na língua. Além disso, aprender a escrever 'Tchecoslováquia' pode ficar para as aulas de geografia na 7ª série. Com as palavras exóticas de uso praticamente nulo, ninguém precisa, na verdade, se ocupar: quando for necessário conhecer sua grafia, o dicionário resolverá o problema.[7]

c) A unidade | ľ | é muito rara no início de palavras. Quanto à sua representação é preciso fazer duas observações:

– Há variedades rurais do português brasileiro (hoje presentes no contexto urbano) que substituíram | ľ | por | y |: dizem | pa.ya | e não | pa.ľa |; | te.ya | e não | te.ľa |. Essa substituição cria uma convergência com ditongos, tornando-se arbitrário para os falantes daquelas variedades saber quando | y | se grafa com *lh* e quando se grafa com *i.* Assim, *palha* e *telha* poderão ocorrer como *paia* e *teia* na grafia inicial desses falantes. As condições de superação dessa dificuldade são semelhantes ao caso do encontro consonantal comentado anteriormente.

– Em alguns poucos casos, dizemos | ľ | e grafamos *li* ou *le*, como em famí*lia*, ó*leo*, Itá*lia*, ita*li*ano. Trata-se, na verdade, de uma pronúncia flutuante – podemos dizer | i.ta.ľa | ou | i.ta.li.a | – e poderá trazer uma certa dificuldade para o alfabetizando que grafará, por exemplo, *familha* por *família.* A superação dessa dificuldade supõe a memorização da forma gráfica da palavra e é nessa direção que o professor deve trabalhar quando se der o caso. O contraste *julho/ Júlio* pode auxiliar a introdução do trabalho sistemático aqui.

RELAÇÕES CRUZADAS PREVISÍVEIS (REGULARIDADES CONTEXTUAIS)

Primeiro caso

A unidade sonora ocorre, em português, só em um ou em alguns contextos na sílaba ou na palavra e, nesse(s) contexto(s), a relação é biunívoca e, portanto, 100% regular. O que ocorre de especial é que a unidade gráfica, em outros contextos na sílaba ou na palavra, representa outra(s) unidade(s) sonora(s). É nesse sentido que a relação é cruzada: a unidade gráfica tem mais de um valor no sistema.

Unidade Sonora	Ocorrência	Unidade Gráfica	Relações Cruzadas[8]
| m |	A unidade sonora | m | só ocorre, em português, no início de sílaba.	m (mato, cama, admito, palma)	● A letra *m*, em fim de sílaba, participa da representação das vogais nasais. Ex.: campo, limpo, bomba. ● Em fim de palavra, representa a semivogal | y | ou | w | em ditongos decrescentes nasais. Ex.: porém, falam.
| n |	A unidade sonora | n | só ocorre, em português, no início de sílaba.	n (nata, cano, repugnar, carne)	● A letra *n*, em fim de sílaba, participa da representação das vogais nasais (em relação complementar com a letra *m*). Ex.: tinta, pente, manco. ● Em fim de palavra, a letra *n* é muito rara. Representa a semivogal | y | ou | w | em ditongos nasais decrescentes. Ex.: hífen, nêutron.

Unidade Sonora	Ocorrência	Unidade gráfica	Relações Cruzadas[8]
| r | (erre fraco)	a unidade sonora | r | ocorre em português, entre vogais (V-V) ou no encontro consonantal.	r (casa, branco, prato)	● a letra *r*, em todos os outros contextos, representa a unidade sonora | R | (erre forte): rato, marco, honra.
| l |	a unidade sonora | l | ocorre, na maioria das variedades do português do Brasil, só no início de sílaba ou no encontro consonantal.	l (lado, mala, planta)	● a letra *l*, em fim de sílaba, representa, na maioria das variedades do português do Brasil, a semivogal | w |: mal, soldado, mel, anil.

Observações dialetais 1 e 2

1. Indivíduos bilíngues descendentes de italianos ou de alemães tendem a trocar, na sua pronúncia do português, o erre forte pelo fraco (italianos) e vice-versa (alemães). Isso ocorre, porque na língua de seus antepassados essa diferença (forte x fraco) não é significativa. Esses fatores poderão criar alguns problemas para os alfabetizandos dessas etnias que escreverão 'fero' por *ferro* ou 'esperrar' por *esperar*. Mesmo falantes monolíngues de português poderão apresentar essa troca nos inícios do processo de apropriação da grafia. Sua superação parece estar correlacionada com um aumento da consciência perceptiva das diferenças fônicas. Será talvez útil trabalhar, *em contextos significativos*, com pares de palavras em que os dois sons estão em oposição (caro/carro; amarei/amarrei; era/erra).

2. Em variedades rurais do português brasileiro, o | l | de fim de sílaba foi substituído por um erre retroflexo (pronunciado com a

ponta da língua virada para trás): diz-se | baR.de | e não | baw.de |. Para falantes dessas variedades, saber quando grafar esse erre com a letra *l* (balde) ou com a letra *r* (Marta) é uma questão arbitrária, do mesmo modo que para os falantes de variedades urbanas é uma questão arbitrária saber se | w | é grafado com *l* (balde) ou com *u* (auto). As estratégias didáticas e cognitivas são idênticas: trabalhar com a memorização da forma gráfica da palavra. Com os falantes de variedades rurais, porém, o professor deve ter cuidado para não ridicularizar a pronúncia deles. Como dissemos antes, eles podem perfeitamente ser alfabetizados sem antes urbanizar sua pronúncia. A eventual substituição da pronúncia do erre retroflexo por | w | poderá ocorrer mais tarde e é até desejável que ocorra, tendo em vista o fato de que as populações tradicionalmente urbanas tendem a ridicularizar aquela pronúncia rural e discriminar seus falantes. O processo, porém, é longo e dependerá, em grande parte, das atitudes adequadas do professor. Eglê P. Franchi, em seus dois livros, discute muito bem essa questão, mostrando ao professor como ele pode agir de forma a auxiliar seu aluno nessa tarefa. Ainda um último comentário: nas variedades rurais, o | l | de fim de palavra, transformado em erre retroflexo, tende a desaparecer, da mesma forma que todos os erres de fim de palavra desaparecem nessas variedades: diz-se | ko.ro.nE | e não | ko.ro.nEw | (coronel), da mesma forma que se diz | ku.iE | e não | ku.iER | ou | ku.ľER | (colher). A abordagem didática desse fato deverá seguir as mesmas coordenadas expostas anteriormente. As variedades urbanas normalmente só cortam o erre final da forma infinitiva do verbo, o que as afasta menos da representação gráfica.

Segundo caso

A unidade sonora tem mais de uma representação gráfica, cada uma num contexto determinado (as representações estão numa relação de distribuição complementar). Trata-se de um caso de relação cruzada, porque as unidades gráficas têm outros valores no sistema.

Unidade Sonora	Unidades Gráficas	Relações Cruzadas
| R |	a) o dígrafo *rr*, quando a unidade sonora estiver entre vogais (V-V). Ex.: carro, terra.	
	b) a letra *r*, nos demais casos, isto é: início da palavra (*r*ato, *r*oupa); fim da sílaba (ma*r*co); fim de palavra (canta*r*); precedido de vogal nasal (na escrita v + n: honra, tenro); precedido de consoante (desrespeito); precedido de somivogal (na escrita *l*: melro).	A letra *r* pode representar unidade sonora | r | (erre fraco). Observar, porém, que | r | só ocorre em dois contextos: V-V e no encontro consonantal. Assim, os dois valores da letra *r* (ora representada por *r* (ora representada por | R |, ora | r |) são perfeitamente previsíveis. O único contexto em que | R | e | r | podem ambos ocorrer é entre vogais (V-V), caso em que o sistema gráfico usa o dígrafo *rr* para |R| e a letra *r* para |r|.
| k |	a) a letra *c*, quando a unidade sonora |k| < – for seguida das vogais posteriores (orais: | u | – | o | –| ɔ | – | a | ou nasais | ũ | – | õ | – | ã |): Ex.: curto, cocho, cola, calo, cumpro, compra, canto. – ver em encontro consonantal (claro, critico); ou – o que é bastante raro – no fim de sílaba (pacto, técnico). b) o dígrafo *qu*, quando a unidade sonora | k | for seguida das vogais anteriores (orais: | i | – | e | – | E |; ou nasais: | ĩ | – | ẽ |); Ex.: quilo, querer, quero, quinto, quente. c) a letra *q* – quando a unidade sonora | k | for seguida de ditongo iniciado pela semivogal | w |, representada na escrita por *u* (quatro, quando, quota, cinquenta, tranquilo).	A letra *c*, diante das letras *i* e *e*, representa a unidade sonora | s |. Isso não é um problema aqui, porque | k | diante de *e* ou *i* é representado pelo dígrafo *qu*. Há, portanto, uma distribuição complementar altamente regular: | k | < a / o / u: *c* ; e / i: *qu*

Observação:

– Como se vê pela descrição anterior, a sequência gráfica *qu* pode funcionar como dígrafo (a letra *u* não representa nenhuma unidade sonora) ou como duas unidades gráficas distintas (a letra *u* representa a semivogal | w |):

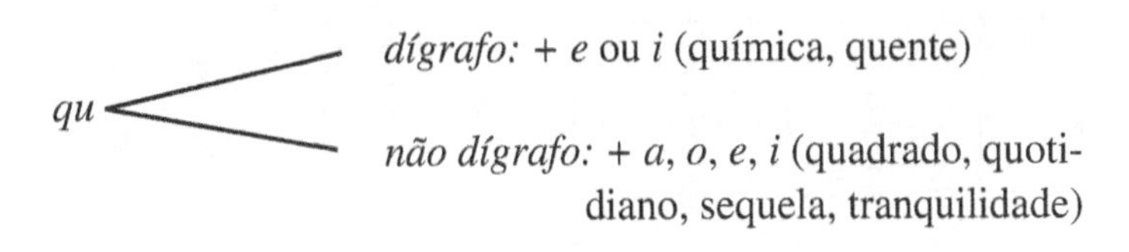

<table>
<tr><th>Unidade Sonora</th><th>Unidades Gráficas</th><th>Relações Cruzadas</th></tr>
<tr><td>| g |</td><td>a) a letra g, quando a unidade sonora | g |
– for seguida das vogais posteriores (orais: | u | – | o | – | ɔ | – | a | ou nasais | ũ | – | õ | – | | ã |):
Ex.: gula, gota, gola, galo, ganso, gongo, bagunça.
– estiver em encontro consonantal (globo, gruta); ou – o que é bastante raro – no fim de sílaba (repugnar)

b) o dígrafo gu, quando a unidade sonora | g | for seguida das vogais anteriores (orais: | i | – | e | – | E | ou nasais: | ĩ | – | ẽ |):
Ex.: gula – gueto – guerra – guincho – briguento.</td><td>A letra g, diante das letras e-i, representa a unidade sonora | ž |. Isso não é problema na representação de | g |, porque aqui há uma distribuição complementar altamente regular:
| g | – a / o / u = g
| g | – e / i = gu</td></tr>
</table>

Observação:

Como se pode ver, a sequência gráfica *gu* pode funcionar como dígrafo (a letra *u* não representa nenhuma unidade sonora) ou como duas unidades gráficas distintas (a letra *u* representa a semivogal | w |):

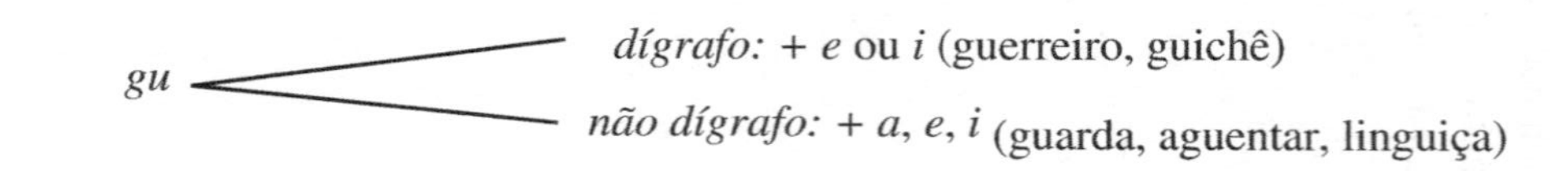

RELAÇÕES CRUZADAS PARCIALMENTE PREVISÍVEIS E PARCIALMENTE ARBITRÁRIAS

A unidade sonora tem mais de uma representação gráfica: em alguns casos a representação gráfica é previsível pelo contexto e, em outros, não.

Unidade Sonora	Unidades Gráficas
| ž |	a) a letra *j*, quando a unidade sonora for seguida das vogais posteriores (orais: | u | – | o | – | ɔ | – | a |; ou nasais: | ũ | – | õ | – | ã |): juba – jogo – jovem – laranja – juntar jongo – jangada (100% regular)
	b) as letras *g* ou *j*, quando a unidade sonora for seguida das vogais anteriores (orais: | i | – | e | – | E | ou nasais: | ĩ | – | ẽ |): girar/geral/germe jirau/jenipapo/jegue gingação/jinsém; nojento/argentino. (arbitrária)

Observações:

a) no primeiro caso, há uma relação biunívoca entre | ž | e j. Vale observar que a letra *j*, no sistema gráfico do português, só representa a unidade sonora | ž |;

b) no segundo caso, | ž | tem duas representações: a letra *g* e a letra *j*; e a escolha é (para o usuário) arbitrária e trará natural dificuldade para os alfabetizandos. Há, porém, alguns fatos que podem auxiliar o controle dessa dificuldade:[9]

- diante de *e* e *i*, a letra *g* é mais frequente que a letra *j*;
- a letra *j* ocorre:

- em palavras derivadas de outras que se escrevem com *j*: laranja/laranjeira; loja/lojista; sujo/sujeira; e em todas as formas dos verbos em *-jar:* viajar/viaje/viajem; encorajar/encoraje/encorajem;
- em palavras de origem tupi, africana ou popular. (Ex.: pajé, jeca, cafajeste, jiboia, jiló, lambujem). É claro que esta é uma afirmação que faz pouco sentido para a maioria dos usuários. Contudo, em séries mais avançadas da escola, no estudo de composição do vocabulário da língua, poderá ser útil. Nas séries iniciais, talvez o melhor recurso seja trabalhar diretamente com a memorização da forma das palavras mais frequentes.

- a letra *g* ocorre:
  - em palavras derivadas de outras que se escrevem com g: vertigem/vertiginoso; ferrugem/ferruginoso; e em todas as formas dos verbos em *-ger* e *-gir:* eleger (elegi/elegem); fugir (fugi/fogem);
  - na maioria das palavras terminadas, em *-gem* (aprendizagem; ferrugem, coragem)
  - nas palavras terminadas em *-ágio*, *-égio*, *-ígio*, *-ógio*, *-úgio* (estágio, colégio, prestígio, relógio, refúgio).

Observação dialetal 3

Para algumas variedades do português brasileiro, a unidade sonora | ž | só ocorre em início. de sílaba (são as variedades localizadas de São Paulo para o Sul, com exceção da região litorânea de Santa Catarina); para outras (principalmente as variedades localizadas do Rio de Janeiro para cima), | ž | também ocorre no fim de sílaba, representada graficamente pela letra *s*: diz-se | mež.mu | e não | mez.mu | (mesmo). Isso não deve trazer problemas para os alfabetizandos, porque a representação gráfica é regular. Ver, adiante, no estude de | š |, a observação dialetal 4.

<table>
<tr><th>Unidade Sonora</th><th>Unidades Gráficas</th><th>Observações</th></tr>
<tr><td>| z |</td><td>1. Representações regulares (só z/só s/só x):

a) no início de palavras, sempre a letra z: zebra, zangado, zombar, zunido.</td><td>a) a letra z tem outro valor no sistema gráfico, mas nunca no início de palavra. A letra z, no fim de palavra, representa a unidade sonora | s |</td></tr>
<tr><td></td><td>b) no fim de sílaba, sempre a letra s (a letra z nunca ocorre em fim de sílaba no interior das palavras): desde, mesmo, pasmo, gosmento.</td><td>b) ver observação dialetal 3.</td></tr>
<tr><td></td><td>c) no início de sílabas precedido de vogal nasal (grafada com auxílio de n) ou consoante, sempre z: banzo, zonzo, cerzir, marzipã.</td><td>c) a letra z tem outro valor no sistema gráfico, mas nunca nesse contexto.</td></tr>
<tr><td></td><td>d) no seguinte contexto: e – V (i.e., a unidade sonora | z | precedida de e e seguida de vogal), quase só a letra x: exato, exame, exímio, exemplo, exótico, exumar.</td><td>d) nessa situação, há poucos casos em que o | z | é representado por s: em geral, trata-se de palavras de uso quase nulo, com exceção talvez de esôfago. Por outro lado, a letra x nesse contexto pode representar | š | em apenas duas palavras (exu, exido), ambas de uso quase nulo. A letra z nunca ocorre nesse contexto.</td></tr>
</table>

<table>
<tr><th>Unidade Sonora</th><th>Unidades Gráficas</th><th>Observações</th></tr>
<tr><td>| z |</td><td>2. Representação arbitrária (s ou z)
Entre vogais, | z | pode ser representado pela letra s (mais frequentemente) e pela letra z: casar – mesa – meses – azar – reza – luzes.</td><td>(ver nota 9)
a) a letra s ocorre sempre:
– depois de ditongos (pausa, coisa, lousa);
– nas palavras terminadas em -oso/-osa (formoso/formosa; doloroso; vaidosa);
– nas palavras derivadas de outras escritas com s (empresa/empresário; mesa/mesinha; casar/casamento);
– nos femininos em -esa e -isa (duque/duquesa; inglês/inglesa; sacerdote/sacerdotisa);
– nos verbos em -isar que derivam de palavras com s (análise/analisar, pesquisa/pesquisar, aviso/avisar).

b) a letra z ocorre sempre:
– nas palavras derivadas de outras escritas com z (cruz/cruzada; rapaz/rapaziada: feliz/felizardo);
– nos substantivos terminados em -eza, derivados de adjetivos (pobre/pobreza; triste/tristeza; mole/moleza);
– nos verbos em -izar que derivam de palavras cuja raiz não termina em s (suave/suavizar, útil/utilizar, deslize/deslizar).</td></tr>
</table>

<table>
<tr><th>Unidade Sonora</th><th>Unidades Gráficas</th><th>Observações</th></tr>
<tr><td>| s |</td><td>1. Representações Regulares
a) sempre a letra s – se a unidade sonora | s | estiver no início da palavra, seguida das vogais posteriores (orais: | u | – | o | – | ɔ| – | a | ou nasais: | ũ | – | õ | – | ã |): sujo – soltar – sola – sala – suntuoso – sonda – santo;
– se a unidade sonora | s | estiver no fim da palavra e for marca de plural: casas, bares.</td><td></td></tr>
<tr><td></td><td>b) quase sempre a letra s, quando a unidade sonora | s | ocorre em fim de sílaba
no contexto cons + Vog + | s | — no contexto Vog + | s |</td><td></td></tr>
<tr><td></td><td>100% regular
● será s com todas as vogais, menos e (pasta, piscar, posto, poste, fustigar).</td><td>● será s com todas as vogais, menos e (astro, isto, ostentar, ustilaginoso).</td></tr>
<tr><td></td><td>Sit. arbitrária mas envolvendo escolha em poucos casos
● com e, será s na grande maioria dos casos (resfolegar, resto, emprestar). Exceções: sexto, texto, têxtil e derivados (sêxtuplo, textual, pretexto, textura, sexteto)</td><td>● com e será s na grande maioria (mais de 3.000 no Vocabulário Ortográfico Oficial.
Minoria em x (± 450 no V.O.O., das quais ± 50 são de uso mais frequente); Absolutamente raro com xs (3 palavras no Vocabulário Ortográfico Oficial.)</td></tr>
</table>

<table>
<tr><th>Unidade Sonora</th><th>Unidades Gráficas</th><th>Observações</th></tr>
<tr><td>| s |</td><td>2. Representações Arbitrárias

a) c ou s: no início de palavra, quando | s | é seguido de vogais anteriores (na escrita, i ou e):
cisco, cesta, cetro
sílaba, sereno, sete

b) s ou z: no final de palavra (salvo na marca de plural)
mês, gás, quis, pus
vez, paz, giz, luz

c) s ou c (+ e/i) / ç (+ a/o/u) — no início de sílaba, quando | s | é precedido de consoante ou vogal nasal (grafada com auxílio de n).
Ex.: pense/lance; versificar/parcimônia; torso/terço; pensar/lançar; persuadir/forçudo

d) no contexto V – V
● vogal que segue é a/o/u
ss ou ç / sç
a representação xs é absolutamente rara (exsolver, exsudar)
● vogal que segue é e/i
ss ou
c receber – recibo
sc nascente – nascimento
x máximo – sintaxe
xc excelente – excitar

as representações sc – x – xc são mais raras
a representação xs é absolutamente rara (só seguida de i): 5 palavras da família do verbo exsicar no Vocabulário Ortográfico Oficial.</td><td></td></tr>
</table>

Observações:

a) no contexto V-V, a letra *s* nunca ocorre representando | s | e o dígrafo *ss* é a representação mais frequente, o que permite, no começo, operar com uma relação de complementariedade: | s | no início de palavra + a/o/u, sempre *s*; no meio da palavra, entre vogais, quase sempre *ss*. A introdução das outras representações deve ficar para etapas posteriores, trabalhando-se primeiro as regulares e, depois, as arbitrárias, evitando as mais raras;

b) com as representações arbitrárias, o mais correto parece ser trabalhar com a forma global da palavra e com as respectivas famílias. É importante observar, nesse sentido, que, nas representações arbitrárias, há muitos homônimos (palavras com a mesma pronúncia, mas com grafias diferentes): sinto/cinto; sela/cela; trás/traz; lasso/laço. Esses contrastes devem ficar para séries posteriores: no início, importa que o aluno fixe a forma das palavras mais frequentes;

c) trabalhando com famílias de palavras, é interessante observar que quando é *sc* diante de *e* ou *i*, será *sç* diante de *a* / *o* / *u* (nascer/nascimento/nasço/nasça), quando é *c* diante de *e* / *i*, será *ç* diante de *a* / *o* / *u* (dance/dança/danço);

d) usa-se *c/ç* e não *ss* (ver nota 9):

- depois de ditongos: feição, louça, traição;
- nos sufixos: -aça / -aço / -ação | -ecer / -iço / -ança / -uço: barcaça, ricaço, armação, entardecer, caniço, criança, dentuço;
- nos vocábulos de origem tupi, africana, árabe ou exótica (araçá, Iguaçu, paçoca, açúcar, muçulmano). É claro que esta é uma afirmação que faz pouco sentido para a maioria dos usuários. Contudo, em séries mais avançadas da escola, no estudo da composição do vocabulário da língua, poderá ser útil. Nas séries iniciais, talvez o melhor recurso seja trabalhar diretamente com a memorização da forma das palavras mais frequentes.

e) usa-se *ss* e não *ç* em correlações constantes entre palavras:

CED – CESS (con*ced*er / con*cess*ão)

GRED – GRESS (a*gred*ir / a*gress*ão)

PRIM – PRESS (o*prim*ir / o*press*ão)

TIR – SSÃO (omi*tir* / omi*ssão*)

MET – MISS (sub*met*er / sub*miss*ão)

RELAÇÕES CRUZADAS TOTALMENTE ARBITRÁRIAS

A unidade sonora tem mais de uma representação gráfica e a ocorrência de uma ou outra é imprevisível.

Unidade Sonora	Unidades Gráficas
| š |	a letra *x* ou o dígrafo *ch*
	chave, chiste, encharcado, macho
	xale, xisto, enxadrezado, faxineiro

Observações:

a) o dígrafo *ch* só representa | š | ;
b) a letra *x* tem outros valores no sistema gráfico;
c) a representação de | š | por *ch* é mais frequente do que por *x*;
d) usa-se sempre *x* (ver nota 9)
– depois de ditongos: caixa, paixão, frouxo, rouxinol;
– em vocábulos de origem indígena ou africana: abacaxi, xavante;
– geralmente depois da sílaba inicial *EN*: enxada, enxame, enxuto, enxofre. Nesse caso, serão com *ch* algumas poucas palavras (enchova) e palavras derivadas de outras escritas com *ch* (cheio/encher/enchimento/preencher).

Observação dialetal 4

Para algumas variedades do português brasileiro, a unidade sonora | š | só ocorre em início de sílaba; para outras, | š | ocorre também no fim de sílaba (representada graficamente pela letra *s* – pasta; ou *x* – extra) e de palavra (representada por *s* – mês; *z* – faz). Essa situação dialetal não deve trazer maiores transtornos para o alfabetizando: as eventuais dificuldades (*x*, ou *s; s* ou *z*) não são decorrentes das diferentes pronúncias, mas da arbitrariedade da representação gráfica. Além disso, há a questão da frequência: *s* ocorre mais que *x* e *z*.

2. REPRESENTAÇÃO DAS VOGAIS E DOS DITONGOS

Enquanto temos, no alfabeto, apenas cinco letras vogais (*a*, *e*, *i*, *o*, *u*), temos, no sistema fonológico do português, doze unidades sonoras vogais (sete orais: | i | – | e | – | E | – | a | – |ɔ| – | o | – | u |; cinco nasais: | ĩ | – | ẽ | – | ã | – | õ | – | ũ |). Para dar conta dessa diferença quantitativa (5 letras/12 unidades sonoras), o sistema gráfico precisa fazer alguns arranjos (por exemplo: combinar letras vogais com a letra *n* ou *m* para fazer a representação das unidades sonoras nasais, como em manto – mundo – ponto), ou ainda permitir que a mesma letra represente mais de uma unidade sonora (por exemplo: a letra *e* pode representar as unidades | e | ou | E | : preço/presto.[10]

Embora não haja propriamente relações biunívocas na representação das unidades sonoras vogais, há significativas regularidades no sistema gráfico, permitindo-nos prever as áreas que podem causar dificuldades para o usuário. Na representação das vogais e na percepção das eventuais dificuldades, é fundamental ter clareza quanto à natureza da sílaba (forte, fraca final de palavra, fraca pré-forte, etc.).[11]

Um outro aspecto a considerar é que algumas palavras que começam com vogal são grafadas com *h*, por razões etimológicas. Saber quando as palavras começam com *h* é (para os usuários) uma situação arbitrária. É preciso, assim, fixar a forma dessas palavras, preocupando-se, de início, com as mais frequentes. Em séries avançadas do ensino fundamental, será importante mostrar aos alunos que, na derivação de palavras por meio de prefixos, há casos em que o *h* desaparece (honra/desonra; haver/reaver). Essa questão (correlacionada também com o uso do hífen) não é assunto para as etapas de introdução e fixação do sistema gráfico.

REPRESENTAÇÃO DAS VOGAIS ORAIS

1. Na sílaba forte

Unidade Sonora		Representação gráfica
| a |	*a*	ato – gato
| i |	*i*	ilha – milho
| u |	*u*	uva – muda
| e |	*e*	erro – medo
| E |	*e*	ela – quero
| o |	*o*	ovo – gota
| ɔ |	*o*	obra – poça[12]

2. Na sílaba fraca final de palavra (__ ≠ ≠, seguida ou não de | s |)

- | E | e | ɔ | não ocorrem nesta posição;
- | i | e | u | são muito raras nesta posição e são representadas sempre por i (*júri*) e *u* (não há palavras paroxítonas terminadas em *u*; o | u | que ocorre aqui é sempre seguido de | s |: bônus, vírus);
- | e | – | o | – | a | sofrem um fechamento nesta posição. O fechamento do | a | não causa problema, porque o som que resulta não se confunde com nenhum outro e sua representação se faz pela letra *a*. Já o fechamento do | e | e do | o | normalmente causa problema para os alfabetizandos, porque em grande parte das variantes do português brasileiro o | e | é, nesta posição, realizado como | i | e o | o | , como | u |, isto é, os sons resultantes do fechamento de | e | e | o | se confundem com | i | e | u |, respectivamente. Os falantes dizem | pE.li | (*pele*) e

| 'pa.tu | (pato), tendendo – no início – a grafar *peli* e *patu*. Esse não é, porém, um problema de difícil solução, porque é regular e o usuário não está diante de escolhas arbitrárias (a grafia *i* e *u*, nesta posição, é – como dissemos anteriormente – muito rara). Não se justifica, portanto, a criação de uma pronúncia artificial; basta que o professor mostre a regularidade do fenômeno. (Não será incorreto dizer que pronunciamos | i | nesse contexto e grafamos *e*; pronunciamos | u | e grafamos *o*.)

Observação:

Nas palavras proparoxítonas (relativamente raras em português), há uma sílaba fraca medial. Nessa posição, as vogais em geral não se alteram (lâmp*a*da, mús*i*ca, pêss*e*go, pênd*u*lo, côm*o*da). Poderá ocorrer, em alguns contextos, a supressão dessa vogal: diz-se *abobra* e não *abóbora; oclos* e não *óculos; chacra* e não *chácara.* São palavras de uso muito frequente e que se transformam em paroxítonas (acentuação básica do português) pela supressão da vogal fraca medial, o que é favorecido pelo fato de a última sílaba começar por | l | ou | r | : a supressão da vogal faz resultar um encontro consonantal normal na língua.

3. Na(s) sílaba(s) anterior(es) à sílaba forte – a(s) chamada(s) sílaba(s) pretônica(s):

- | E | e | ɔ | só ocorrem, nesta posição, em palavras derivadas com alguns sufixos: *mente* (certamente, somente); (*z*)*inho* (pertinho, portinha, cafezinho, pozinho); *íssimo* (belíssimo, fortíssimo). Em algumas variedades do português brasileiro, porém, o | *e* | e o | *o* | pretônicos são pronunciados abertos: *pegar* é dito |pE.'gaR|; *geografia* é dito | žEɔ. gra. 'fi. a | (para detalhes, ver Miryam Barbosa da Silva. *Leitura, ortografia e fonologia*, em que se estuda o dialeto de Salvador, Bahia, confrontando fonologia e grafia);

● As outras vogais ocorrem nesta posição e são representadas pelas mesmas letras que as representam em sílaba forte: | i | (*ini*migo), | e | (r*e*c*e*ber), | a | (c*a*s*a*mento), | o | (l*o*gradouro), *u* (m*u*rm*u*rar);

● As vogais | e | e | o | podem sofrer um fechamento nesta posição, passando a | i | e | u | respectivamente. Assim, pode-se dizer | mi.'ni.nu | por | me.'ni.nu |; | ku.'ru.ža | por | ko.'ru.ža |.

Duas observações são importantes aqui:

– primeiro, que esse fechamento (diferente do fechamento dessas mesmas vogais em sílaba fraca final) ocorre apenas em alguns casos, não em todos (podemos dizer | ku.'ru.ža | por |ko.'ru.ža|e|mi.'ni.nu|por|me.'ni.nu|, mas não dizemos|mu.'raR|por | mo.'raR | ou | fi.ša,'mẽ.tu | por | fe.ša,'mẽ.tu | : nestes dois últimos exemplos, | o | e | e | se mantêm constantes);

– segundo, que o fechamento, quando ocorre, é flutuante: algumas vezes dizemos | me.'ni.nu |, outras vezes dizemos | mi. 'ni .nu |, dependendo (ao que tudo indica) do grau de formalidade de nossa fala (| e | e | o | em situações mais formais; | i | e | u | em situações mais informais). Essa oscilação costuma trazer problemas para o alfabetizando (ele tende a escrever m*i*nino e c*u*ruja). A superação dessa dificuldade inicial passa certamente pela percepção dos casos em que oscilamos na pronúncia. Quando podemos dizer a mesma palavra com | i | ou | e |, grafamos com *e*; quando podemos dizer com | u | ou | o |, grafamos com *o*.

Os principais contextos em que ocorre essa oscilação:

1. palavras iniciadas por | es | (grafado *es* ou *ex*): *es*cola, *es*porte, *es*pada, *ex*pediente, *ex*perimento, *ex*termínio.

2. palavras que têm | i | ou | u | na sílaba forte (o chamado fenômeno da harmonia vocálica): s*e*guro, c*o*ruja, m*e*nino, c*o*rtina.

Obs.: nesse caso, a harmonia pode ser também condicionada pela presença de | i | ou | u | na sílaba seguinte não forte: Portugal, costurar, medicamento.

3. em hiatos como nas palavras: t*e*atro, v*o*ar, j*o*elho, l*e*oa.

REPRESENTAÇÃO DAS VOGAIS NASAIS

As vogais nasais têm uma representação básica: a letra vogal seguida de *m* (quando a sílaba seguinte começa com *p* ou *b*) ou *n* (quando a sílaba seguinte começa com uma das demais consoantes). Trata-se de uma representação quase biunívoca (só não é biunívoca porque as vogais nasais podem ter outras representações, embora mais raras). Temos um caso, portanto, de alto grau de regularidade:

| ĩ | – *im:* timbre, limpo
– *in:* tinta, trinco

| ẽ | – *em:* tempo, sempre
– *en:* tentar, pensão

| ã | – *am:* lamber, campo
– *an:* mandar, manco

| õ | – *om:* bomba, pompa
– *on:* conta, longo

| ũ | – *um:* bumbo, cumprir
– *un:* mundo

Observações:

a) A vogal | ã | no fim de palavra (e em palavras derivadas com os sufixos *-zinha* e *-mente*) é sempre representada por *ã*. Exemplos: lã, irmã, órfã, ímã; irmãzinha, cristãmente.

b) As demais vogais nasais, quando no fim de palavra, são, em geral, ditas ditongadas. Nesse caso, a letra *m* (e, menos frequentemente, a letra *n*) estará representando uma semivogal (como veremos adiante, na discussão dos ditongos). Exemplos: rim, bem, bom, atum.

A letra *n* é rara; e só ocorre com *e* (hífen) e *o* (nêutron, próton). Ocorre também no plural das palavras terminadas em *m* (atuns, bons, bens, rins).

c) As vogais nasais, quando estão em sílaba forte e a sílaba seguinte começa por consoante nasal, são representadas só pela letra vogal: c*a*no, m*i*nha, v*e*nha, p*o*nho, *u*nha. É interessante observar que a nasalidade das vogais nesse contexto é, com exceção de | ã |, bastante flutuante. Essa flutuação se acentua se a vogal estiver em sílaba fraca (incluindo | ã |): alguns dizem | žã.nE.la |; outros, | ža.nE.la |. Não parece haver dificuldades maiores para os alfabetizandos aqui.

REPRESENTAÇÃO DOS DITONGOS

Podemos conceituar ditongo como o encontro de duas vogais ditas numa única sílaba (num típico impulso de voz). Uma dessas vogais será | i | ou | u |, pronunciadas com maior fechamento da passagem do ar, o que as transforma em semivogais, passando a ser representadas pelos símbolos | y | e | w | do Alfabeto Fonético Internacional.

Os ditongos podem ser orais ou nasais, de acordo com a saída do ar (predominantemente pela boca ou pelo nariz); e decrescentes ou crescentes, de acordo com a posição da vogal básica (antes ou depois da semivogal).[13]

Na grafia dos ditongos, as semivogais têm mais de uma representação (havendo, porém, certo grau de previsibilidade); e as vogais mantêm a mesma letra que as representa fora do ditongo.

REPRESENTAÇÃO DOS DITONGOS DECRESCENTES

1. *Orais*

A semivogal | y | é, neste caso, sempre representada pela letra *i*; a semivogal | w | tem mais de uma representação: a letra *u*, a letra *l* e, mais raramente, a letra *o*. A representação básica de | w | seria a letra *u;* ocorre, porém, que na maioria das variedades do português brasileiro a consoante | l | no fim de sílaba (grafada com a letra *l*) foi substituída por | w |. Com isso, criou-se um ditongo onde antes não havia e | w | passou a ter a letra *l* como uma de suas representações. Nesse processo de mudança, palavras que eram ditas e grafadas de forma diferente tornaram-se homófonas (mal/mau; alto/auto; calda/cauda; calção/caução). Essa situação toda (duplicidade de representação gráfica de | w | e palavras homófonas) criou para o usuário uma área de dificuldade: ele tem de escolher entre *l* e *u*, sem que haja condições de previsibilidade. O usuário terá de memorizar a forma das palavras, utilizando-se de certos recursos auxiliares (por exemplo: as formas verbais sempre terminam com *u* – feriu, leu, cantou; as palavras aparentadas mantêm a grafia – pauta/pautado; balde/baldinho; sol/solar; o ditongo | ɔ w | sempre se grafa com *l* – sol, lençol).

Não nos parece correta a atitude de certos professores que introduzem uma pronúncia artificial em sala para que o aluno não "erre": trata-se de uma grafia arbitrária e o aluno. deverá aprender a lidar com ela de forma adequada (memorizar a forma da palavra em vez de confiar na relação unidade sonora/letra). Introduzir uma pronúncia artificial afasta o aluno da estratégia correta para controlar essa dificuldade: como se orientará o aluno quando o professor não estiver presente?

Semivogais / **Vogais**	**| y |**	**| w |**		
		u	**l**	**o**
| a |	*ai* pai, vai, gaita	*au* mau pauta	*al* mal balde	ao
| e |	*ei* rei, sei, leite	*eu* meu europeu	*el* delgado selvagem	–
| E |	*éi* (em palavras oxítonas) papéis, anéis; *ei* (em paroxítonas) assembleia, ideia	*éu* céu chapéu	*el* mel anel	
| o |	*oi* boi, foi, moita	*ou* comprou couro	*ol* soldado solto	

Semivogais / Vogais	| y |	| w |		
		u	l	o
| ɔ |	*ói* (em palavras oxítonas) mói, lençóis; *oi* (em paroxítonas) jiboia, heroico	–	*ol* sol lençol	–
| i |	–	*iu* feriu viu riu	*il* funil vil canil	*io* navio pavio rio
| u |	*ui* fui, azuis	–	*ul* azul	–

Observações:

a) os ditongos acentuados perdem seus acentos quando em sílaba fraca. Nesse contexto, só ocorrem em palavras derivadas: pa*pei*zinhos, lenç*oi*zinhos, chap*eu*zinho;

b) alguns desses ditongos são reduzidos na fala (aparece só a vogal básica): | ay | → | a | – caixa, baixa, faixa; | ey | → | e | – peixe, deixe, feijão; | ow | → | o | – couro, ouro, trouxe. Essa redução pode causar dificuldades aos alfabetizandos que escreverão, numa fase inicial, 'pexe', 'oro', 'baxa'. A saída didática mais adequada parece ser trabalhar com a forma global das palavras mais frequentes, mostrando ao aluno que temos aí a possibilidade de duas pronúncias: mais formal, com ditongo; menos formal, sem o ditongo. Isso poderá trazer uma dificuldade ao inverso: a palavra não tem ditongo e o aluno grafa com ditongo ('bouca' por *boca;* 'meixer' por *mexer*). Essa instabilidade só será vencida à medida que o aluno for fixando a forma global da palavra. O mesmo vale para os casos em que certas variedades da língua mudaram a realização das vogais em alguns contextos, pronunciando-as com a semivogal (forma-se um ditongo que não tem representação gráfica como tal): dizem | t r e y s | e não | t r e s | (três); | f a y s | e não | f a s | (faz). O alfabetizando tenderá, no início, a escrever 'treis' por *três;* 'faiz' ou 'fais' por *faz.*

2. Nasais

Vogais \ Semivogais	| w |	| y |
| ã |	*ão*: pão, órfão • nas formas verbais: – *ão* (quando forte) falarão, ouvirão, venderão; – *am* (quando fraco) falaram, ouviram, venderam.	*ãe*: mãe, pães • *ai*, quando seguido de consoante nasal: faina, paina; • muito raramente *ãi*: cãibra.
| ẽ |	–	*em* (plural *ens*): bem/bens; contém, porém, também. • muito raramente *en*: hífen, líquen.
| ĩ |	–	*im* (plural *ins*): rim/rins, sim, assim.
| õ |	*om* (plural *ons*): bom/bons, som, com.	*õe*: põe, corações • nas formas verbais, marca-se a diferença singular/plural, acrescentando-se um *m*: (ele) põe/(eles) põem.
| ũ |	*um* (plural *uns*): álbum/ álbuns, um, atum	*ui* (raro) muito

Observações:

O ditongo nasal | ẽy | quando em sílaba fraca final tende, em algumas variedades do português, a perder a nasalidade e converter-se numa só vogal: diz-se | koraži | e não | koražẽy | (coragem); | o.mi | e não | o.mẽy | (homem). Esse fenômeno poderá trazer dificuldades iniciais para o alfabetizando.

Vale aqui a observação didática feita a propósito dos ditongos orais.

Representação dos Ditongos Crescentes

Os ditongos crescentes são mais raros em português. Além disso, são, em geral, muito flutuantes, *i.e.*, podem ser transformados em hiato (cada vogal é dita em impulsos de voz distintos), diz-se tanto | glɔ.ri.a | quanto | glɔ.rya | (glória).

A semivogal | y | é grafada basicamente com a letra *i* e mais raramente com *e;* a semivogal | w | é grafada basicamente com a letra *u* e mais raramente com *o.*

1. *Orais*

<table>
<tr><th>Semivogais
Vogais</th><th colspan="2">| w |</th><th colspan="2">| y |</th></tr>
<tr><td>| a |</td><td>ua
água
quase</td><td>oa
nódoa
mágoa</td><td>ia
glória
diabo</td><td>ea
área
nívea</td></tr>
<tr><td>| e |</td><td>ue
tênue</td><td>oe
coelho</td><td>ie
série
cárie</td><td>–</td></tr>
<tr><td>| E |</td><td>ue
sequestro</td><td>oe
goela
moela</td><td>ie
quieto</td><td>–</td></tr>
<tr><td>| i |</td><td>ui
tranquilo
linguiça</td><td>–</td><td>–</td><td>–</td></tr>
<tr><td>| o |</td><td>uo
aquoso</td><td>–</td><td>io
piolho
médio</td><td>eo
gêmeo
áureo</td></tr>
<tr><td>| ɔ |</td><td>uo
quota</td><td>–</td><td>io
quiosque</td><td>–</td></tr>
<tr><td>| u |</td><td>–</td><td>–</td><td>iu
miudeza</td><td>–</td></tr>
</table>

2. *Nasais*

ditongo	**representação gráfica**
| yã |	*ian* criança
| wã |	*uan* quando
| wẽ |	*uen* frequente
| wĩ |	*uin* arguindo

REPRESENTAÇÃO DOS TRITONGOS

Os tritongos são raríssimos em português. Em razão disso, não devem ser trabalhados sistematicamente nas fases iniciais do processo de apropriação da grafia.

tritongos orais	representação gráfica
| way |	*uai* Uruguai, Paraguai, quais
| wow |	*uou* enxaguou, apaziguou
| wey |	*uei* enxaguei, averiguei
| wiw |	*uiu* delinquiu

tritongos nasais	representação gráfica
| wãw |	*uão* saguão
	uam mínguam
| wõy |	*uõe* saguões
| wẽy |	*uem* deságuem

3. QUADROS DE SÍNTESE

Apresentamos abaixo, de forma resumida, as informações constantes no corpo do texto. Esses quadros isoladamente não fazem muito sentido: eles pressupõem as informações apresentadas anteriormente. Os símbolos utilizados encontram-se descritos no Apêndice.

1. CONSOANTES

Unidade Sonora	Representação Gráfica		
	biunívoca	regular no contexto	arbitrária
| p |	p	–	–
| b |	b	–	–
| f |	f	–	–
| v |	v	–	–
| ň |	nh	–	–
| t |	t	–	–
| d |	d	–	–
| ľ |	lh	–	–
| m | (só em # –)	m (cama/mato)	–	–
| n | (só em # –)	n (cana/não)	–	–
| r | só em V-V / C-V	r (arara) / (gruta)	–	–

Unidade Sonora	Representação Gráfica		
	biunívoca	**regular no contexto**	**arbitrária**
| l | (só em # –) C-V	(lado, cabelo) l (planta)	–	–
| R |	–	V-V: rr (carro) outros: r (rato, honra)	–
| k |	–	● – +*a/o/u:* c (calo) ● – +*e/i:* **qu** (quero) ● – + < | u | / | w | + V:**q** (adeque) (quando)	–
| g |	–	● – +*a/o/u:* **g** (gola) ● – +*e/i:* **gu** (guerra)	–
| ž |	–	● – +*a/o/u:* j (janela)	● – +*e/i:* **g** ou **j** (jeito/gente)
| z |	–	● { # # – / c – V }: z (zebra) (banzo) ● — # C so:s (desde) ● e – V: x (exato)	V-V: *s* ou *z* (casar – azar)
| s |[14]	–	● { # # __ + a/o/u (sapo) / __ # # (se marca plural) (livros) } :s	● # # – +*e/i:* s ou c (seu/céu) ● – # # : s ou z (trás/paz) ● c # – < +*e/i:* s ou c (pense/lance) / +*a/o/u:* s ou ç (pensa/lança) ● (c) *e* – # : s ou x (teste/ texto/esta/extra)

Unidade Sonora	Representação Gráfica		
	biunívoca	regular	arbitrária
		–	● V– +a/o/u: ss ou {ç, sç, xs (raro)} (passa/poço/nasça/exsudar) +e/i: ss ou {c, sc, x, xc, xs (raro)} (passe, receita, nascer, máximo, excelente, exsicar)
|š|	–	–	x ou ch (xarope/chato)

2. VOGAIS ORAIS

Unidade sonora	Representação Gráfica		
	Sílaba forte	Sílaba fraca	
		final	outras
|a|	a (á) (caro) página	a (cela)	a (câmara)
|i|	i (í) (pilha) (país)	i (raro) (beribéri)	i (música)
|u|	u (ú) (uva) (saúva)	u (raro) (bônus)	ú (pêndulo)
|o|	o (ô) (gosto) (avô)	o (dito |u|) (pato)	o (cômoda) (pode ser dito |u| – coruja)
|ɔ|	o (ó) obra (avó)	–	o (só ocorre em palavras derivadas) (portinha/fortíssimo)

Unidade Sonora	Representação Gráfica		
	Sílaba forte	Sílaba fraca	
		final	outras
| e |	e (erro) (ê) (pêssego)	e (dito | i |) (bule)	(ê) (pêssego) pode ser dito | i | – menino
| E |	e (ela) é (médico)	–	e (só ocorre em palavras derivadas) (pezinho/belíssimo)

Observação:

Embora não tenhamos discutido a acentuação gráfica, achamos relevante, neste quadro, registrar a possibilidade de ocorrência da letra com acento.

3. VOGAIS NASAIS

Unidade Sonora	Representação Gráfica (regularidade no contexto)			
	__ # #	__ # c p/b	__ # c demais	__ # c nas.
| ã |	ã (lã)	am (campo)	an (manco)	a (cama)
| ĩ |	–	im (limpo)	in (tinta)	(i) (vinha)
| ẽ |	–	em (tempo)	en (pensão)	(e) (venho)
| ũ |	–	um (bumbo)	un (mundo)	(u) (unha)
| õ |	–	om (pomba)	on (longo)	(o) (ponho)

Observações:

As vogais nasais poderão receber acento gráfico: circunflexo (ˆ) para *a/e/o* (lâmpada, pêndulo, recôndito) e agudo (´) para i/u (límpido, úmbrico).

4. SEMIVOGAIS

Unidade sonora	Representação Gráfica					
	ditongos				tritongos	
	decrescentes		crescentes			
	orais	nasais	orais	nasais	orais	nasais
| y |	i (pai)	*ã/õ* + *–:* e (mãe/põe) u+ –:i (muito) *i*+ *–:* / *e*+ *–:* → m (n no plural); n (raro) (rim/bem/hífen)	i (série) (raro: *e* – escolha arbitrária/ área)	i (criança)	i (Uruguai)	*õ*+– = e (saguões) *e*+*–:m* (deságuem)
| w |	*u* ou / ou *o* (escolha arbitrária).	*u*+*–:* / *o*+*–:* → m (n, no plural); n (raro) (atum/bom/nêutron) a+–:m (formas verbais com ditongo em sílaba fraca-falam) ã+–: o (coração)	u (água) (raro: *o* – escolha arbitrária/ mágoa)	u (quando)	u (quais)	antes da vogal → u (saguão); depois da vogal (só com forfe → o saguão; fraco → m (mínguam))

Observações:

a) Como se vê, a representação básica de | y | é a letra *i*, estando as representações com as letras *e* e *m* (n) restritas à situação de ditongos decrescentes nasais e tritongos nasais.

b) A representação básica de | w | é a letra *u*. À semelhança das representações de | y |, a ocorrência das letras *o* e *m* (*n*) está restrita à situação de ditongos decrescentes nasais e tritongos nasais. A representação mais complexa de | w | está, porém, nos ditongos decrescentes orais. Nesse caso a escolha entre *u* e *l* (e mais raramente *o*) é arbitrária.

5. LETRAS

Para completar essa síntese, podemos fazer um quadro, partindo das letras do alfabeto e indicando seus valores no sistema gráfico como representação das unidades sonoras. Vale aqui a observação que fizemos no início desta parte do texto: o quadro isoladamente não faz muito sentido; ele pressupõe as informações apresentadas na descrição do sistema.

Letra	Unidades Sonoras
a	● | a | caro ● | ã | cama __# C nas ● | ã | __ + {m, n} # campo, tanto
b	| b | bala
c	● + *a / o / u*: | k | calo, cola, Curitiba ● + *e / i* : | s | celeste, cintura
ç	+ *a / o / u* : | s | poça, caçar, dança (nunca ocorre no início de palavra)
d	| d | dado

Letra	Unidades Sonoras
e	● | e | preço ● | E | peste ● | ẽ | __ + {m, n} # lembro, tentar ● | ẽ | venho __ # Cnas ● | y | mãe, põe, saguões, área
f	| f | faca
g	● *+e/o/u:* | g | galo, gola, gula ● *+e/i:* | ž | gente, gilete
h	● nenhuma relação com unidades sonoras; etimológico no início de palavras e participa dos drígrafos *ch*, *lh*, *nh*.
i	● | i | ilha ● |ĩ | vinha __ # Cnas ● |ĩ | __ + {m, n} # limpo, tinta ● | y | pai, série
j	ž janela, joelho, jeito
l	● | l | < # __ – lama, calo; C-V planta ● | w | __ # mal, soldado
m	● | m | # __ mão, cama ● | ṽ | V __ {*p* tampa, tempo, limpo; *b* pomba, bumbo} ● | w | falam, mínguam, atum ● | y | ontem, bem, rim
n	● | n | # __ não, cana ● | ṽ | V __ (cons. menos *p/b*) manco, tentar, pingo, pondo, mundo ● | y | < sempre no plural de palavra terminada em *em/im:* bens, homens, rins; (raro) e __ # # hífen ● | w | < sempre no plural de palavra terminada em *om/um:* bons, álbuns; (raro) o __ # # nêutron

Letra	Unidades Sonoras
o	● | o | poço ● | ɔ | posso ● | õ | ponho ● | õ | __ + {m / n} # pondo, longo, tombo ● | w | pensão, saguão, mágoa
p	| p | pato
q	__ + < | u | / | w | + V: | k | adeque, quase ● participa do drígrafo *qu*
r	● | r | < V-V arara / C -V gruta ● | R | nos demais contextos (menos V - V, em que | R | é representado por *rr*) rato, honra, cantar_
s	● | z | < V-V mesa / __ # C so desde, mesmo | s | nos demais contextos.
t	| t | tatu
u	| u | uva | ũ | unha ● | ũ | __ + {m / n} # mundo, bumbo | w | mau, pauta, água, saguão
v	| v | vaso
x	● | s | < V-V máximo / (c) e – # texto, extra ● | z | e – V exame, exato ● | š | xarope, paixão | ks | sexo, tórax | kz | hexâmetro

<table>
<tr><th>Letra</th><th>Unidades Sonoras</th></tr>
<tr><td>z</td><td>● | s | __ # # paz, traz
| z | nos demais contextos zebra, banzo, azar</td></tr>
</table>

<table>
<tr><th>Dígrafos</th><th>Unidades sonoras</th></tr>
<tr><td>nh</td><td>| ň | canhão</td></tr>
<tr><td>lh</td><td>| ľ | galho</td></tr>
<tr><td>ch</td><td>| š | cheio</td></tr>
<tr><td>rr</td><td>| R | V-V carro</td></tr>
<tr><td>ss</td><td>| s | V-V passa
em alternância com c / ç / x e com os dígrafos sc, sç, xc, xs
lace, laço, máximo, nascer, nasça, excelente, exsudar.</td></tr>
<tr><td>qu</td><td>| k | + e / i quero, quilo</td></tr>
<tr><td>gu</td><td>| g | + e / i guerra, guidão</td></tr>
</table>

CONCLUSÕES: ALGUMAS CONSIDERAÇÕES DIDÁTICAS

No correr do texto, fizemos, em vários momentos, comentários quanto a eventuais procedimentos e cuidados didáticos no trabalho sistemático com a grafia. Nesta parte final, além de resumir alguns daqueles pontos, gostaríamos de fazer algumas observações adicionais.

Retomando a questão apresentada na nota 1, vale reforçar a afirmação de que alfabetizar é mais que apenas ensinar a grafar e a reconhecer o grafado. Como se diz no documento *Algumas diretrizes básicas para a alfabetização*, elaborado pela equipe da Secretaria Municipal da Educação de Curitiba, em junho de 1988, o ensino sistemático da grafia é apenas parte do processo mais amplo de domínio da linguagem escrita e deve estar sempre subordinado a este. Defende-se ali a ideia de que a ordem de apresentação sistemática dos elementos da grafia é bastante relativa, cabendo ao professor a elaboração da ordem mais adequada a partir do saber que ele tem do sistema gráfico e da situação concreta de seus alunos.

Posto isso, pode-se acrescentar que as decisões do professor quanto à ordenação do ensino dos diferentes aspectos do sistema gráfico deverão levar em conta a articulação de dois critérios: o grau de regularidade do fenômeno (primeiro os mais regulares e produtivos; depois os irregulares) e sua frequência (primeiro os mais frequentes; depois os mais raros; deixando os raríssimos para outras séries do ensino fundamental).

Não deve ter sido difícil perceber, pela exposição do sistema gráfico, que a escola tem criado certos mitos em torno de facilidades/dificuldades gráficas. Acreditamos (e já vimos vários professores procedendo desta forma) que o professor pode ter diferentes pontos de partida e criar diferentes ordenações (e ele fará isso necessariamente se trabalhar com a leitura e produção de textos desde o início). Suas opções, em cada caso, aproveitarão, no começo, as muitas regularidades do sistema, assumindo que é mais simples (e mais produtivo) aprender primeiro situações previsíveis e depois as imprevisíveis.

Se tomarmos isoladamente a grafia de cada palavra, não faz muito sentido falar em grafias fáceis ou difíceis. Podemos, nessa perspectiva, concordar com Luiz Carlos Cagliari quando diz que para a criança "tudo é igualmente difícil no começo; portanto, escrever – "peixe", "trens" ou "pata", "macaco" – apresenta o mesmo grau de dificuldade, em princípio; o que significa, em outras palavras, que (deixando de lado os métodos) qualquer criança pode escrever ou aprender a escrever qualquer palavra, desde que queira fazer isto, uma vez que não faz sentido dizer que há letras mais difíceis do que outras para se aprender a escrever" (p. 107).

Contudo, aprender a grafar palavra por palavra – embora possa ser visto como uma estratégia didática plausível – seria uma tarefa excessivamente onerosa, considerando que podemos simplificar o processo, aproveitando as muitas regularidades do sistema gráfico em suas relações com o sistema fonológico da língua. Assim, aprendendo que | ka | se grafa sempre *ca* (sílaba que ocorre em inúmeras palavras da língua), podemos abreviar a tarefa de ensinar e aprender a grafar.

Nessa perspectiva, faz um certo sentido, falar em dificuldade e facilidade. As dificuldades maiores emergem justamente dos casos em que o sistema tem duas ou mais grafias e nenhum (ou quase nenhum) grau de previsibilidade.

Assim, não nos parece inadequado iniciar a sistematização da grafia por casos de relações biunívocas. O aluno criará uma hipótese generalizante de que cada letra representa um som, o que é, em parte, correto num sistema alfabético. Inadequado será permanecer nessa hipótese e, pior, não encontrar no professor o auxílio necessário para superá-la.

O aluno deverá relativizar essa hipótese, percebendo aos poucos que o sistema tem algumas representações arbitrárias para cujo domínio ele deve memorizar a forma gráfica global da palavra. Para isso, podem ser bastante úteis certos recursos mnemônicos (por exemplo, relações de parentesco entre palavras), alguns dos quais exploramos no corpo do texto. Cabe, é claro, ao professor avaliar o momento mais propício (e a forma de linguagem mais adequada) para passá-los aos alunos.

Em qualquer situação, o que o professor não deve esquecer é que ele é um construtor de andaimes que criam condições para que os alunos internalizem o novo saber. É preciso, portanto, trabalhar na alfabetização, sempre com elementos verbais plenos de significado para a criança e em meio a atividades significativas com a leitura e a escrita. Como nos mostra Vygotsky, a internalização de um saber qualquer é um processo ativo que emerge de formas de vida coletiva, de interação entre o aprendiz, seus pares e membros mais experientes de sua comunidade.

Nessa perspectiva, os "erros" observados na grafia dos alunos devem ser encarados como parte do processo de internalização do sistema. Em geral, esses "erros" são perfeitamente previsíveis e decorrem, em boa parte, das próprias características do sistema gráfico (como procuramos mostrar em vários pontos de nosso texto) e da hipótese generalizante de que há correlações uniformes e biunívocas entre letras e sons (o aluno, ao orientar-se por esse critério, transfere diretamente para a grafia as características de sua fala, o que, como vimos, nem sempre é possível). Cabe ao professor criar novas situações, utilizar diferentes estratégias para que os alunos possam superar progressivamente essas dificuldades.[15]

Esperamos que o material apresentado nesse texto auxilie o professor em seu trabalho de alfabetizar. Críticas, sugestões e comentários serão muito bem-vindos: encaminhá-las em nome do autor para o seguinte endereço: Universidade Federal do Paraná – Departamento de Linguística – Caixa Postal 756 – 80060 – Curitiba – Paraná.

NOTAS

1. Este texto foi escrito em resposta a uma solicitação de professores alfabetizadores da Rede Municipal de Ensino de Curitiba. Procuramos sistematizar numa linguagem não técnica, informações sobre o sistema gráfico do português. O texto não se destina, portanto, a linguistas. Fizemos deliberadamente algumas simplificações descritivas e terminológicas, justificadas, segundo entendemos, pelos objetivos e pelos interlocutores presumidos. Esperamos que o julgamento do texto tome em conta esse esforço subjacente de divulgação científica. Para uma apresentação mais técnica do sistema gráfico e suas relações com o sistema fonológico, pode-se consultar SILVA, Myriam Barbosa da. *Leitura, ortografia e fonologia.* São Paulo: Ática, 1981; e BISOL, Leda et al. *O sistema fonológico e a aprendizagem da escrita.* Porto Alegre: UFRGS, 1984 (mimeo.). Nosso ponto inicial de referência foi o trabalho de M. LEMLE (*Guia teórico do alfabetizador.* S. Paulo: Ática, 1987). Procuramos ampliar as informações contidas aí, bem como reelaborar algumas de suas interpretações dos fatos. Como dizemos na apresentação do texto, conhecer, com certo detalhamento, o sistema gráfico e suas relações com a estrutura fonológica da língua é requisito para trabalhar com a alfabetização. Queremos, porém, deixar claro que não entendemos alfabetização no sentido estrito de domínio da grafia; nem pressupomos que a ordem de apresentação aqui seguida é aquela que se deve seguir no trabalho sistemático com o sistema gráfico. Nossa concepção de alfabetização se identifica com aquela expressa no documento *Algumas diretrizes básicas para a alfabetização*, elaborado pela equipe da Secretaria Municipal da Educação de Curitiba, em junho de 1988. Nesse documento, está clara a ideia de que o ensino sistemático da grafia é apenas parte do processo mais amplo do domínio da linguagem escrita e deve estar sempre subordinado a este.
Ao mesmo tempo, defende-se ali a ideia de que a ordem de apresentação sistemática dos elementos da grafia é bastante relativa, cabendo ao professor a elaboração da ordem mais adequada a

partir do saber que ele tem do sistema gráfico e da situação concreta de seus alunos.

2. Como veremos adiante, há recursos de memorização que podem facilitar o domínio das situações arbitrárias. São recursos que se fundamentam principalmente no parentesco das palavras (as palavras da mesma família mantêm constantes seus aspectos gráficos comuns. Assim, se *excelente* é grafado com *xc*, *excelência* também é; se *essência* é com *ss*, *essencial* também é); em constâncias morfológicas (por exemplo: o sufixo *-oso/-osa*, como em *formoso/formosa*, é sempre grafado com *s*); ou em certas correlações entre palavras aparentadas (por exemplo: verbo com *-rt-*, substantivo com *-rs-*, como em diver*t*ir/diver*s*ão).

3. Os linguistas costumam indicar que uma determinada sequência de símbolos do Alfabeto Fonético Internacional é transcrição direta da fala (transcrição fonética), colocando-a entre colchetes. Quando a sequência vem entre barras, isso indica que se está operando com uma representação abstrata das unidades sonoras (transcrição fonológica). Não nos preocupamos em manter essa distinção no correr do texto (salvo no presente exemplo, usaremos sempre as barras para indicar que se trata de unidades sonoras e não de letras). Como dissemos na nota 1, tentamos fazer aqui uma elaboração do assunto em linguagem não técnica, realizando, por isso, simplificações que pareceram não prejudicar a apresentação dos fatos. Uma lista com todos os símbolos utilizados neste texto está no Apêndice.

4. Essa unidade (descontadas pequenas e, de fato, irrelevantes diferenças entre o sistema gráfico brasileiro e o lusitano) aproxima os usuários do sistema gráfico espalhados por todos os países de fala portuguesa. Por outro lado, a memória etimológica, embora introduza certa dose de arbitrariedade no sistema, nos aproxima da grande comunidade das línguas românicas (latinas): podemos ler textos em espanhol, italiano e até em francês, mesmo não sabendo falar essas línguas (e, inversamente, os falantes dessas línguas podem ler textos em português) em grande parte porque todas elas preservam a memória etimológica nos seus respectivos

sistemas gráficos. Essa proxidade nos traz extraordinários benefícios culturais (acesso direto a textos científicos, literários, jornalísticos), nem sempre lembrados por apressados proponentes de reformas ortográficas.

5. Algumas pessoas defendem reformas ortográficas radicais para superar essas situações. Normalmente tais propostas são ingênuas, deixando de considerar a real complexidade envolvida na representação gráfica de uma língua. Por isso, os linguistas, em geral, não são favoráveis a propostas reformistas. Para uma boa discussão desse assunto, ver: Miriam LEMLE. Reforma ortográfica, uma questão linguística ou política? *Boletim*, Associação Brasileira de Linguística *(1)*: 18-24, 1981. O Acordo Ortográfico de 1990, assinado em Lisboa por todos os países que tem o português como língua oficial, não realizou uma reforma ortográfica no sentido estrito do termo (as bases da nossa ortografia não foram alteradas), mas apenas fez alguns ajustes de pequena monta para eliminar diferenças existentes entre a ortografia lusitana e a brasileira. O objetivo dessas poucas mudanças foi tão somente alcançar uma ortografia unificada para a língua portuguesa.
6. Eglê P. FRANCHI (*Pedagogia da alfabetização: da oralidade à escrita.* S. Paulo: Cortez, 1988) faz uma discussão interessante desse assunto, apontando vários outros casos e mostrando como o professor pode orientar sua prática de ensino de forma a lidar com eventuais dificuldades decorrentes da distância entre a variedade linguística do aluno e a grafia.
7. Em vários momentos desse texto, haverá referência a casos mais raros de grafia em oposição aos casos mais frequentes e produtivos. Entendemos que o processo de ensino sistemático da grafia deve se ocupar, de início, com os casos frequentes e produtivos. Os casos raros devem ser deixados para estudo em séries posteriores da escolarização. Se eventualmente surgirem no início (por exemplo, se os alunos perguntarem como se escreve uma tal palavra), cabe ao professor mostrar como a palavra é escrita e dizer que tal grafia é muito rara.

   Vale aqui um pequeno comentário. Temos observado que muitos professores, diante de perguntas do aluno sobre fatos ainda não estudados sistematicamente, costumam transferir a resposta para estágios posteriores. Entendemos que há um equívoco nessa atitude. Uma coisa é estabelecer uma ordenação dos fatos no estudo sistemático da grafia (já que não se pode apresentar tudo de uma só vez): nesse sentido, haverá um tempo para cada situação gráfica. Outra coisa é, paralelamente a esse estudo sistematizado, satisfazer a curiosidade do aluno que, é óbvio, não tem tempo "certo" para ocorrer. Assim, se não se trabalhou ainda com o *x*, mas o aluno pergunta como se escreve *peixe* (e ele certamente o fará, se a alfabetização envolver desde o início a produção de texto), cabe ao professor mostrar a ele a forma da palavra.

8. Aqui apenas fazemos referência aos outros valores da letra no sistema gráfico. A discussão detalhada virá adiante, no estudo, por exemplo, da representação das vogais nasais ou ditongos. Uma questão técnica: fazemos, neste texto, uma distinção entre *fim de sílaba* e *fim de palavra.* Embora o fim da palavra coincida com o fim de uma sílaba, nem sempre os fenômenos que ocorrem num contexto ocorrem no outro. Assim, quando dizemos *fim de sílaba* em oposição a *fim de palavra*, queremos dizer 'fim de sílaba no interior da palavra'; quando *fim de sílaba* não aparece em oposição com *fim de palavra*, significa 'fim de qualquer sílaba'.
9. A apresentação desses fatos aqui não significa que eles devam ser todos passados aos alunos já no início do processo de sistematização da grafia. Muitos deles só farão sentido para os alunos em séries posteriores da escola. Nas séries iniciais, talvez o melhor recurso seja trabalhar diretamente com a memorização da forma das palavras mais frequentes. Apresentamos esses fatos aqui apenas para mostrar que, embora a situação gráfica seja arbitrária, é possível estabelecer certos recursos regularizadores.
10. O sistema gráfico utiliza também o recurso da acentuação para marcar certas distinções. Algumas vezes | e | será grafado *ê* (pêssego); | E | será grafado *é* (péssimo); etc. Estamos deixando a questão da acentuação gráfica de lado neste texto. Talvez o professor tenha que introduzir certos aspectos da acentuação no início do processo de ensino sistemático da grafia (ou para esclarecer per-

guntas dos alunos que perceberão os acentos no material escrito; ou para ensinar a grafia de palavras de uso muito frequente como a conjunção *e* e a forma *é* do verbo ser). Acreditamos, porém, que o trabalho sistemático com a acentuação deva ser feito em estágios posteriores: talvez as regras básicas no início da segunda série, retomando-as sempre que necessário; e as regras marginais da acentuação apenas no fim do ensino fundamental.

11. Cabe aqui lembrar que o português tem algumas sequências consonantais exóticas, como em a*bs*oluta, té*cn*ica, a*dm*itir, *pn*eu que, normalmente são desfeitas na fala com o acréscimo de uma vogal | i |. Diz-se | abi.so.lu.ta | e não | ab.so.lu.ta |. Isso pode trazer problemas para os alfabetizandos que tenderão, de início, a grafar a vogal da fala. O estudo desses casos deverá ficar para séries seguintes do ensino fundamental. Seu domínio dependerá da memorização da forma gráfica global das palavras. Arrolamos aqui, apenas a título de exemplo, os principais casos dessas sequências exóticas: *bd* (abdicar), *bj* (abjurar), *bn* (abnegado), *bs* (absoluto), *bt* (obter), cc (occipital), *cn* (técnico), *ct* (pacto), *cz* (czar), *dj* (adjunto), *dm* (admitir), *dq* (adquirir), *dv* (advogado), *gn* (repugnar), *mn* (amnésia), *pn* (pneu), *ps* (elipse), *pç* (opção), *pt* (rapto), *tm* (ritmo). É comum, quando se começa a trabalhar com essas representações, que o aluno grafe 'inadquar' por *inadequar* ou 'maritmo' por *marítimo*. É o fenômeno da ultracorreção que revela uma fase de fixação ainda instável da forma dessas palavras. Vale comentar aqui também que a sequência consonantal | ks | pode ter mais de uma representação gráfica: *x* (anexo, pirex), *cc* (occipital), *cç* (sucção).
12. Como se vê, | e | e | E |, têm a mesma letra *e* para grafá-los; e | o | e | ɔ | têm a mesma letra *o* para grafá-los. Isso poderá trazer eventuais problemas de leitura, decorrentes do não reconhecimento imediato (ou do desconhecimento) da palavra. Essa dificuldade se supera, porém, com a própria prática de leitura e escrita.
13. Diferente do ditongo, o hiato é uma sequência de vogais ditas em sílabas diferentes, isto é, com impulsos distintos de voz. Assim, em *cai* temos um ditongo, mas em *caí* temos um

hiato. Na grafia dos hiatos, o *i* e o *u*, quando fortes, costumam receber acentos (*saída*, *saúde*), menos quando formam sílabas com sons representados pelas letras *l* (Raul), *r* (destruirmos), *m* (ruim), *n* (ruins), *z* (raiz) ou são seguidas de *nh* (rainha, tainha).

No caso de se ter um ditongo decrescente seguido de uma vogal (como em *caia, cuia, leia, ...*), a pronúncia normal envolve a duplicação da semivogal. Diz-se, então, | kay.ya |, | kuy.ya |, | ley.ya |. Isso pode trazer pequenos problemas quando da divisão silábica: o usuário poderá, em consequência de dizer dois ditongos, ter dúvida quanto a dividir *cai-a* (divisão recomendada) ou *ca-ia* (divisão não recomendada). Isso, porém, é assunto marginal e só deveria ser assunto de etapas posteriores do processo de apropriação da grafia. A divisão silábica, aliás, não deveria ter um fim em si mesma: parece mais correto trabalhar com ela de forma intuitiva (o aluno perceber a existência da sílaba) e operacional (fazer a divisão como atividade de apoio ao domínio da grafia), evitando que ela se torne uma atividade mecânica e, portanto, sem sentido para o aluno.

Já que mencionamos a divisão silábica, é interessante lembrar que o português tem nove padrões silábicos (nove tipos possíveis de sílabas); alguns mais comuns (parece que CV consoante + vogal – é o mais comum), outros mais raros.

Nem sempre a grafia representa o padrão silábico da fala. Isso fica mais evidente quando usamos dígrafos (mais de uma letra para representar uma unidade sonora). Estando clara essa observação, apresentamos os exemplos abaixo, deixando de lado a transcrição em Alfabeto Fonético sempre que não houver discrepância entre unidades da grafia e unidades da fala.

Na descrição dos padrões silábicos, as semivogais são representadas como consoantes. Assim, *mau* | maw | pertence ao padrão silábico CVC.

1. CV: *pa-to*, *co-la*, pra-*to*;
2. V: *u*-va, *o*-vo, ca-*í*;
3. CCV: *gru*-ta, *ple*-no, re-*ple*-to;
4. VC: *os*, *as*-tro, pa-*ís*;

5. CVC: *pas*-ta, *pai*, *pão*, me-*ses*;
6. VCC: *aus*-tral;
7. CCVC: *brus*-co, *plau*-sível;
8. CVCC: *pais*, *bens*;
9. CCVCC: *trens*, sa-*guões* (*sa-gwõys*)

14. Iara Bemquerer COSTA, num levantamento feito em redações de vestibular, constatou que 76% das inadequações gráficas diziam respeito às áreas de representações arbitrárias: 62% dos casos na representação de | s |; 10% na de | z |; 2% na de | š | e 2% na de | ž |. A multiplicidade de representações arbitrárias do | s | parece ser o maior problema para o usuário e exige da escola cuidados especiais.
15. Há "erros" que indicam que a criança ainda não compreendeu a escrita como sendo alfabética. Alguns textos podem ser úteis para o professor entender esse momento do desenvolvimento da criança. Entre outros, pode-se citar: Lúcia Mª Browne REGO e sua bibliografia (em especial, os livros de Emília Ferreiro); e Alexander R. LURIA que, já em 1929, antecipava muitas das questões discutidas hoje sobre o desenvolvimento do domínio da linguagem escrita.

APÊNDICE

Procuramos usar o menor número de símbolos possíveis neste trabalho. Em geral, eles estão descritos no próprio contexto da discussão. Reunimos, neste Apêndice, os símbolos utilizados com o objetivo de facilitar a consulta a partes do texto.

Qualquer pessoa que trabalha com grafia e fala, precisa distinguir claramente os dois universos: um, *a fala*, composto de sons produzidos pelo aparelho fonador humano e transcritos, quando necessário, com apoio dos símbolos do chamado Alfabeto Fonético Internacional; o outro, *a grafia*, composto de desenhos codificados nas letras do alfabeto (no caso da grafia do português, letras do alfabeto latino, que é diferente do alfabeto grego, usado na grafia da língua grega; do alfabeto cirílico, usado na grafia da língua russa).

Misturar esses dois níveis (como fazem, por exemplo, as introduções de muitas cartilhas, quando não, autores de livros sobre alfabetização) resulta, normalmente, em confusões que acabam por atrapalhar o professor em suas atividades de ensino.

Dito isso, podemos arrolar as convenções utilizadas no texto:

1. Símbolos entre barras: | a | – | ã | – | y | – | z | ...

representação de uma unidade sonora. Nessa representação, utilizamos, na maioria dos casos, símbolos retirados do Alfabeto

Fonético Internacional, que é um sistema utilizado pelos linguistas para a transcrição dos sons da fala. Nesse Alfabeto, há um único símbolo para cada som da fala. Fizemos algumas simplificações (ver notas 1 e 3) e trocamos alguns símbolos para facilitar a datilografia. Símbolos presentes no texto:

– representação das 19 consoantes do português:

| **p** | primeiro som da palavra *pato*
| **b** | *bato*
| **t** | *tempo*
| **tš**| pronúncia do | t | diante de | i | em algumas variedades do português do Brasil (*tia*, por ex.)
| **d** | *dama*
| **dž**| pronúncia do | d | diante de | i | em algumas variedades do português do Brasil (*dia*, por ex.)
| **f** | *faca*
| **v** | *vaca*
| **s** | *sapo*, *céu*
| **z** | *zebra*
| **š** | *chato*, *xarope*
| **ž** | *gente*, *jeito*
| **k** | *caro*, *quilo*
| **g** | *gola*, *guerra*
| **r** | (erre fraco) *caro*
| **R** | (erre forte) *rato*
| **m** | *mão*
| **n** | *não*
| **ň** | *nhoque*
| **l** | *lado*
| **ľ** | *lhama*

– representação das 2 semigovais do português:

| **y** | pa*i*
| **w** | ma*u*

– representação das 7 vogais orais do português:

| **i** | *ilha*
| **e** | *ema*
| **E** | *esta, é*
| **a** | *asa*
| **u** | *uva*
| **o** | *ovo, avô*
| ɔ | *olha, avó*

– representação das 5 vogais nasais do português:

| **ĩ** | t*in*ta
| **ẽ** | t*em*po
| **ã** | c*an*to
| **ũ** | m*un*do
| **õ** | t*on*to

2. Símbolos em itálico: *a* – c – *l* – *i* –...

Identificação das letras, principalmente quando necessário deixar clara a diferença entre letra e unidade sonora.

3. Abreviaturas

C: consoante
V: vogal
C nas: Consoante nasal (| **m** | , | **n** | , | **ň** |)

C so: Consoante sonora (são aquelas pronunciadas com vibração das cordas vocais como | **z** | , | **ž** | , | **v** | , | **g** | , | **b** | , | **d** | – que se opõem às surdas correspondentes | **s** | , | **š** | , | **f** | , | **k** | , | **p** | , | **t** | –; e | **m** | , | **n** | , | **ň** |, | **R** | , | **r** | , | **l** |, | **ľ** |.

4. Contextos

Muitas vezes é necessário descrever o contexto (o que vem antes e/ou o que vem depois) do som ou da letra. Os símbolos utilizados são os seguintes (o travessão indica que a unidade sob discussão ocorre naquele espaço):

a) **# # __ :** começo de palavra. (por exemplo; | z | no começo de palavra é sempre grafado com a letra *z*. Representa-se isso assim no texto: | z | # # __ : *z*

b) **# __ :** começo de sílaba

c) **__ #:** fim de sílaba

d) **__ # #:** fim de palavra

Observação: é claro que fim/começo de palavra correspondem sempre a fim/começo de sílaba. Contudo, é necessário, em algumas situações, distinguir os dois. Assim, 'fim de sílaba' significa no texto 'fim de sílaba no interior da palavra'. Ver nota 8.

e) **V-V:** unidade entre vogais (como **| r |** em *caro*).

f) **C-V:** unidade precedida de consoante e seguida de vogal (como **| r |** em *brusco*).

g) **__ # C so:** a unidade fecha a sílaba e a sílaba seguinte começa com consoante sonora.
Exemplo: **| dez-de |**

h) **__ # C nas:** a unidade fecha a sílaba e a sílaba seguinte começa com consoante nasal.
Exemplo: **| kã.ma |**

i) __ # **C:** a unidade fecha a sílaba e a sílaba seguinte começa com consoante. Foi necessário na representação das vogais nasais, em que a escolha *m/n* depende da consoante da sílaba seguinte.

j) __ + **a/o/u:** a unidade é seguida das vogais representadas por *a*, *o*, *u*. Foi a forma que encontramos para simplificar a descrição do contexto.

l) **e** __ **V:** a unidade está entre a vogal | e | e uma outra vogal qualquer. É o contexto em que | z | sempre é grafado por *x*.

m) **(c) e** __ **# :** a unidade está no fim da sílaba e precedida pelas vogais representadas por *e*, podendo esta ser precedida de consoante. São contextos de | s | em *peste*, *este*, *extra* ...

n) __ + $\begin{Bmatrix} m \\ n \end{Bmatrix}$ **:** parece na representação das vogais nasais. Diz que a letra pode ser seguida de *m* ou *n:* as chaves equivalem a *ou.*

o) **C #** __ **V:** utilizado na descrição das representações de | s | e | z |. Por exemplo, quando | z | é precedido de vogal nasal ou consoante e seguida de vogal, será grafado sempre pela letra *z*. Como vogal nasal nesse contexto é sempre grafada com *m* ou *n*, utilizamos *c* (querendo dizer 'letra consoante') para simplificar a descrição do contexto.

5. Outros símbolos

→ : 'muda para' ou 'é substituído por'.

Exemplo: **| ow |** → **| o |**, caso de redução do ditongo.

| – . – | : símbolo de limite de sílaba na transcrição com o Alfabeto Fonético Internacional.

Exemplo: **| gru.ta |**

REFERÊNCIAS BIBLIOGRÁFICAS

BISOL, Leda *et al. O sistema fonológico e a aprendizagem da escrita.* Porto Alegre: UFRGS, 1984 (mimeo.).

CAGLIARI, Luiz Carlos. A ortografia na escola e na vida. *In:* São Paulo (Estado) Secretaria da Educação. *Isto se aprende com o ciclo básico.* São Paulo: SE/CENP, 1986, p. 102-13.

COSTA, Iara Bemquerer. *Uma análise de problemas ortográficos encontrados em redações de vestibulandos.* Ijuí: FIDENE, 1980 (mimeo.).

FRANCHI, Eglê Pontes. *Pedagogia da alfabetização: da oralidade à escrita.* S. Paulo: Cortez, 1988.

______. *E as crianças eram difíceis... – a redação na escola.* S. Paulo: Martins Fontes, 1984.

LEMLE, Miriam. *Guia teórico do alfabetizador.* S. Paulo: Ática, 1987. (Princípios, 104).

______. Reforma ortográfica, uma questão linguística ou política? *Boletim*, Associação Brasileira de Linguística *(1)*: 18-24, 1981.

LURIA, Alexander R. O desenvolvimento da escrita na criança. *In:* Vigotsky, L. S. *Linguagem, desenvolvimento e aprendizagem.* S. Paulo: Ícone – EDUSP, 1988, p. 143-89.

PREFEITURA MUNICIPAL DE CURITIBA. Secretaria Municipal da Educação. *Algumas diretrizes básicas para a alfabetização.* Curitiba: PMC/SME, 1988 (mimeo.).

REGO, Lúcia Mª Lins Browne, Repensando a prática pedagógica na alfabetização. *In:* São Paulo (Estado) Secretaria de Educação. *Isto se aprende com o ciclo básico.* S. Paulo: SE/CENP, 1986, p. 49-60.

SILVA, Myriam Barbosa da. *Leitura, ortografia e fonologia.* S. Paulo: Ática, 1981. (Ensaios, 75).

VYGOTSKY, L. S. *A formação social da mente.* S. Paulo: Martins Fontes, 1984.